1

Herstellung: Books on Demand GmbH

ISBN 3-8330-0124-0

Winterweizen

Texte und Fotos: Elsbeth Herrmann

Eine Liebe

Eine Ehe

Ein Abschied

Wollt ich von Liebe singen,
so ward es Schmerz.
Wollt ich von Schmerzen singen,
so ward es Liebe.

Franz Schubert
1797 - 1828

Für Hans

Manchmal kommen mir Gedanken
Ganz ungewollt in meinen Sinn,
Worte die um Worte ranken
Schreiben sich von selber hin

Nicht aus dem Hirn
Aus meinem Herzen
Erblicken sie das Licht der Welt
Geboren unter Glück und Schmerzen
Entstehen sie ganz unbestellt

Mal tanzen sie den Blütenreigen
Mal tragen sie den Trauerflor
Mal brechen sie aus dumpfem Schweigen
Mal öffnet Seligkeit das Tor

Ich glaub sie kommen aus dem Reiche
Wo etwas lebt
Was ich nicht seh
Sie sind – im Grunde - fast das Gleiche
Wie *Winterweizen*
Unterm Schnee

Weshalb sich
Mein Herz
So duftig und so leicht
Wie ein Rosensträußchen
Trägt?

Weil
Ein anderes Herz
Im Takt
Liebend
Mit dem meinen
Schlägt.

Schmetterlinge
Schöne Lieder
Meeresrauschen
Glockenklang
Vogelzwitschern
Wilder Flieder
Buchengrün
Und
Sternensang
Kinderlachen
Frühlingszeit
Dinge, die mich tief entzücken
Innigste Glückseligkeit
Doch können sie mich nur beglücken
Vorausgesetzt
Ich bin zu zweit

Wenn ich heut Abend zu dir geh,
Lass Grillen zirpen, Vögel singen,
Lass Blätter rauschen, Knospen springen!
Ein Röslein von den wilden Hecken
Werd ich an meinen Gürtel stecken.
Den Sonnenhut, das rosa Band
Und Wiesenblumen in der Hand,
So geh ich zu des Liebsten Haus.

Geduld, Geduld, ich will nicht eilen,
Bei jeder Blüte möcht ich weilen
Wenn ich heut Abend zu dir geh.
Dann lass die Abendglocken klingen,
Chöre von Nachtigallen singen,
Die Erde duften, Blumen blühn,
Die Welt im Abendgold erglühn.
Ich fühl mich zeitlos in der Zeit,
Denk nichts als nur:
G l ü c k s e l i g k e i t !

Dass mich dieser Stunde Schauer
Wie ein flücht'ger Hauch nur streift,
Schon vorbei und ohne Dauer,
Eh es nach dem Herzen greift.

Ich ahne deutlich, ohne es zu wissen,
Daß Glück und Freude Dinge sind,
Die, kaum geboren, sterben müssen,
Wie der Gedanke und der Wind.

Alles, was mich tief entzückt,
Wird verfliegen, wird vergehn,
Stunde, die du mich beglückt,
Hauchst hinweg wie Abendwehn.

Liebesblick und Seifenblase
Schweben schwerelos dahin.
Gelbe Rose in der Vase,
Sag mir, dass ich glücklich bin!

Silberfäden, Hauch der Frühe,
Traumgespinst auf Perlenschnur,
Flieg, Gedanke, Sehnsucht, ziehe
Weit hinaus in die Natur.

Silberfäden, Morgenwind,
Frühtau, Traum und Liebelei,
Glück, du zartes Himmelskind,
Wehst - vergehend schon – vorbei.

Was wars, das ich geträumt die Nacht?
Hab doch den Traum vergessen.
Ich glaub, ich hab an dich gedacht
Und dass wir uns besessen.

Was wars, das ich getan am Tag?
Ich dachte zu dir hin.
Und dass, was immer kommen mag,
Ich dein gewesen bin.

Was wars, das ich geträumt die Nacht?
Nun weiß ich es genau:
Du warst heut Nacht im Traum mein Mann,
Und ich war deine Frau.

Ich denk
an lauter
flücht'ge Dinge
die doch
so tief
in meinem Herzen
sind
ich denk zum Beispiel
an ein Kinderlachen
an einen Regenbogen
oder
an ein Schneekristall
ich denk
an eine
blühend gelbe Wiese
mit kleinen roten
Tupfern drin
ich denk
an Schmetterlinge
und Kometen
an Schwalbenflug
und Sonnenschein
ich denk

ach! –

wirklich denk ich
nur
dies eine:
ich hab dich lieb!
(weil ich ja
gar nichts
andres
denken k a n n)

Herr,
Dank sei dir
Für dieses Glück
Mein kleines Kind
In meinem Arm
Ich habs so lieb
Und halt es warm
Das Werk von dir
Ein Teil von mir
Mein ganzes Glück
Herr,
Dank sei dir

Für mein Kind

Jetzt hat der Abend dort am Fluß
Sein Schlafboot festgemacht.
Der Tag gibt seinen Abschiedskuß
Und flüstert: Gute Nacht!

Im alten Mond der Leuchtemann
Zählt seine Sternlein fein.
Er zählt und wird ganz ärgerlich,
Ein Sternenbub versteckte sich
Und machte nicht sein Lämpchen an.

In unserem Hause wird es leise,
Das rosa Wölkchen geht auf Reise,
Es summt der Wind,
Er singt dich in den Schlaf hinein,
Sand fällt in die Äugelein,
Schlaf gut, mein Herzenskind!

Ein Dach, das Kind,
Ich und du,
Sonne, Wind,
Brot und Schuh,
Ein Bett, ein Buch,
Glücks genug!

Der du von Anbeginn
Mein Leben lenktest,
Und führtest jeden
Meiner Schritte
In reichem Maße
Mir Halt und Liebe schenktest,
Der du erfülltest
Meine größte Bitte,
Die ich erflehte,
Mir auch das letzte, höchste Glück
Zu bringen:
Das Kind –
Es sollte die Erfüllung sein.

Nun breite deine weiten Schwingen
Über dem jungen Leben aus,
Dem Kind,
Das ich verwegen nenne „mein".
Bewache nun auch seine Schritte,
Verleih die Kraft ihm,
Mensch zu werden,
Als Mensch für Menschen da zu sein,
Mit wachem Herzen, klaren Sinnen,
Solang er wirkt auf dieser Erden,
Lenk sein Beenden und Beginnen.
Erfülle, Herr, mir auch noch diese Bitte!

Nun legt der frühe Abend sich
Still über Haus und Seele.
Komm setz dich her,
Ganz nah an mich,
Daß ich dich bei mir fühle.

Schließ erst noch alle Türen zu
Und mach die Lichter aus,
Damit wir beide, ich und du,
Wissen, du bist zu Haus.

Lass alle Unrast von dir los,
Schau in den Kerzenschein,
Leg deinen Kopf in meinen Schoß,
Lass uns zufrieden sein.

Der Herr bewahr uns dieses Glück,
Und daß es niemals rostet,
Um ein Vermögen bitt ich nicht,
Weil das auch zu viel kostet.

Denn ich und du und unser Kind,
Mit dem man lachen kann,
Das ist ein Reichtum, und ich find
Mehr, als ich wünschen kann.

Geheimnisvolle Fäden,
die uns verbinden.
Welches Meisters Hand
hat sie geknüpft
und tausendfach geschlungen?

Verbunden sind wir
in Freude und Schmerz
Liebe und Haß
Schuld und Vergebung
Glück und Trauer.

Verwoben
mit dir
und dir
und dir.

Unlösbar.

ehrfürchtig
das kleinste
unscheinbarste
betrachten
und wissen
dass es
ein
unverzichtbarer
Bestandteil
des großen
unbegreiflichen
ganzen
ist
das
ohne dieses
kleinste
unscheinbarste
nicht
sein kann

Ganz gleich
ob
deine Wiege
in ärmlicher Kate
oder
prächtigem Schloss
stand
entscheidend
ist
ob dich
am frühen Morgen
deines Lebens
die Sonne
der Liebe
wärmte

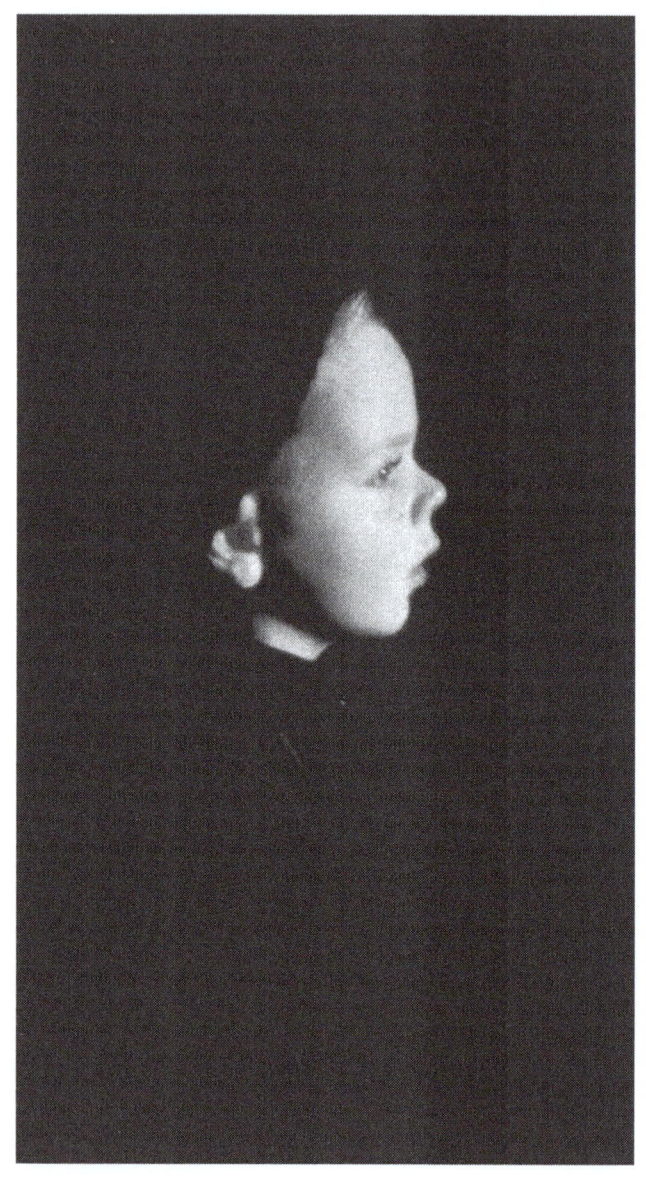

Nun lerne staunen, liebes Kind . . .

Sieh dir die Wunder des Morgens an:
Dort oben am Himmel den rötlichen Strahl,
Und jetzt, hinterm Berg den glühenden Ball,
Der darauf wartet, daß er aufsteigen kann.

Nun badet der Morgen im Sonnengold,
Und alle schneeweißen Blüten erröten,
Die Amseln üben auf Piccoloflöten,
Während der leuchtende Ball übern
    Bergrücken rollt.

In diese erwachende Morgenandacht
Bricht nun ein gewaltiger Vogelchor
Mit jubelndem Kyrie eleison hervor
Und singt, bis die letzte Blüte erwacht.

Es jubelt und duftet und funkelt im Tal,
Der Specht klopft im Takt sein
    Staccatostück,
Die Bienen summen die Weise vom Glück,
Und vom Himmel winkt uns die Sonne noch
    mal.

Siehst du, was das für Wunder sind?
Nun lerne staunen, liebes Kind . . .

Komm, Junge, wir gehn jetzt auf die Pirsch,
Natürlich ohne Schießgewehr,
Denn Sau und Hase, Reh und Hirsch
Die lieben wir (zum Sterben) viel zu sehr.

Du trägst den Rucksack, so, wie ich,
Bekommst ein Fernglas, ganz für dich allein,
Schlaf jetzt, um drei Uhr weck ich dich,
Um vier wolln wir im Walde sein.

Das Muttchen packt uns was zum Essen
In unsren Frühstücksbeutel ein,
Denk dran, den Kompaß darfst du nicht
        vergessen,
Sonst finden wir nicht wieder heim.

Zieh dir die langen Unterhosen an,
Die warme Mütze und den dicken Schal,
Du glaubst nicht, wie man frieren kann,
Frühmorgens überm Wiesental.

Noch was: da draußen sind wir
        mäuschenstill,
Das sagt dir jeder Jägersmann,
Daß, weil man Wild doch sehen will,
Man sich nicht viel erzählen kann.

Und nun: Licht aus, schlaf fein,
Ganz früh, noch eh der Tag anbricht,
Werden zwei Jägerburschen, du und ich,
Auf einer Pirsch im Rabengrunde sein.

Zähle nicht
die Stunden des Glücks
nicht
die der Trauer
vergleiche sie nicht
miteinander
teile sie nicht ein
in gute und schlechte
nicht in helle und dunkele

nimm den bunten Strauß
des Lebens
und freue dich
an jedes Tages Blüte
die dir entgegenwächst

Meine Meßlatte
misst anders
sie hat
keine Kerben
keine Zahlen
denn
sie misst
die Fülle des Glücks
die Tiefe des Schmerzes
den Umfang des Geistes
das Ausmaß des Vertrauens
die Schwere der Enttäuschung
die Länge der Geduld
das Gewicht der Entscheidung
und
die Unendlichkeit des Liebens

Wie oft war ich
- Kaum neunzehnjährig -
Schon gestorben!
Ganz kleine Tode,
Kaum bedeutungsvoll.
Der erste Grund war Pianist.
Er hat um mich geworben
In Form von Himmelstönen
Mal in Dur und mal in Moll.
Der zweite war ein ganz Gescheiter,
Sprach in Metaphern
Und war kompliziert.
Er kam bei Hölderlin und Nietzsche
Nicht recht weiter,
Verließ mich schließlich.
Da hab ich 's Sterben
- Theoretisch -
Noch einmal probiert.
So jubelte ich mich sterbend
Durch mein junges Leben,
Befand mich mal im Himmel,
Mal im Grab.
Doch meistens war mein Herz
Im Aufwärtsschweben,
Dann stürzte es – natürlich –
Auch mal wieder ab.
Als du dann kamst,
Hast du mich kurzerhand
An unsrem Himmel festgemacht.
Mit Liebe und mit Klebeband.
Dort hänge ich noch immer, und
- Ganz drollig -
Ans Sterben habe ich seitdem
Tatsächlich gar nicht mehr gedacht.

In der Manier vertrauter Lieder
Frag ich mich heute immer wieder,
Wie 's damals war, ehe du kamst
Und mich mit in dein Leben nahmst.

Verfolge ich den Weg zurück
Und gehe ich ihn, Stück für Stück,
Dann sehe ich im nachhinein
Mich oben, unten, hoch und tief
Mal manisch und mal depressiv.

Ja, dann kamst du
Und zogst mit ruhig-fester Hand
Mein Schiffchen hin zu dir an Land.
Du hattest beim spazierengehn
Von fern mein S O S gesehn.

Denn beinah ging mirs an den Kragen:
Ich wollte eine Wendung wagen,
Und hab dabei zu viel riskiert,
Mich selbst in Seenot manövriert.

Ich steuerte nach Backbord rüber
Und kenterte per achtern über.
Du holtest mich an Land zurück.
Weiß Gott, das nennt man Seemannsglück!

Die Welt trägt noch ihr Winterkleid,
Schneeflocken fallen, Vögel frieren,
Doch meint man etwas zu verspüren,
Wie jedes Jahr um diese Zeit.

Was ließ dich heut, mein dummes Herz,
Ganz plötzlich froher schlagen,
Was war es nur, kannst du mirs sagen,
War es ein Irrtum, wars ein Scherz?

Heut früh vom Dach der zarte Ton,
Der aus den Lüften schwang,
War es der Frühling, der da sang:
„Ich komme, komme, komme schon"?

Ein Ton, so süß und leicht,
Er hat mich aus dem Schlaf geweckt,
Und meine Seele hat sich gleich
Ein buntes Sträußchen angesteckt.

Von Winterkälte losgelöst,
Sang es mit sehnsuchtsvoller Lust,
Da – plötzlich wurde mir bewusst:
Du erste Amsel!
Sei gegrüßt!

Hörst du manchmal
das leise Tropfen
der Minuten
in das Glas
der Stunden –
das Rinnen
der Stunden
in die Schale
der Tage –
das Fließen
der Tage
in den See
der Jahre –
das Strömen der Jahre
in den Fluss
des Lebens –
das Rauschen
des Flusses
in das Meer
der Vollendung –
das Branden
des Meeres
der Ewigkeit
entgegen –

hörst du manchmal
das leise Tropfen
der Minuten - - -

Komm
lass uns reden
was wir
in der Beziehung zueinander
verbessern
bereichern
erhellen
verschönern
vertiefen
können

damit wir morgen
ernten
was wir heute
gesät haben

Ich möchte anderen
meine Türe öffnen
Geborgenheit geben
Verstehen zeigen
ein Stück Heimat schenken

um dadurch
einkehren zu können
Ruhe zu finden
Frieden zu fühlen
bei mir selbst

Wie gerne würde ich dich noch mal sehen, Wie
damals, als vor vielen Jahren
Wir uns so spannend fremd
Und einfach alles waren.

Wie gerne würde ich noch mal
Mein Herz im Halse klopfen spüren
Mich bei dem allerersten Kuss
Aus Anstandsgründen wehren.

Wie gern beim frischerworbnen Du
Dir in die Augen sehn,
Dich fragen hören, was ich bin und was ich tu,
Und mit Dir dann ins Kino gehen.

Noch einmal mich ganz rasend nach Dir
sehnen,
Nach Deiner Stimme, deinem Blick und deinem
Kuss,
Am Abend dann, beim endloslangen
Abschiednehmen,
Dich alles sagen hören, was ich einfach hören
muss.

Seitdem vergingen viele Jahre,
Die Turbulenz ließ nach, das Glück nahm zu.
Wir wurden älter, bekamen graue Haare
Und langsam wuchs ein Wir
Aus einem Ich und Du

Ich war so glücklich auf dem Ball
Beim Karneval.
Am Gürtel einen Veilchenstrauß,
Der sah fast wie ein echter aus.
Du warst der absolute Beau.
(Salonmanieren sowieso!)
Am Frack die weiße Rose,
Rote Streifen an der Hose,
Monokel und Zylinder,
Aus gelbem Samt der Binder.
Ich tanzte,
Mal mit einem Scheich, mal mit dem Matrosen,
Mal mit einem Turban, mal mit Pluderhosen.
Dann umarmte ich (mit einem Schwips)
Im Foyer noch einen Mann aus Gips.
Ich freute, amüsierte mich,
Doch ganz und gar vergaß ich dich.
Ich war ganz sicher, daß mein „Mann von Welt"
Für mich sich in Reserve hält.
Da! Plötzlich schlugs in mir Alarm,
Ich sah dich im Vorübergehn
Mit jener Spanierin im Arm
Vertraut an einer Palme stehn!
Ade, ihr Scheiche, ihr Franzosen,
Ihr Inder und ihr Türkenhosen!
Ich tanzte nun bis früh um vier
Nur noch mit dir.
Und weiß nun auch im nachhinein:
Man sollte nie auf einem Ball
Beim Karneval
Sich seiner selbst
Und seines Liebsten allzu sicher sein.

Ich freu mich über bunte Blätter
Ich freu mich an dem schönen Wetter
Ich freu mich, dass die Blumen blühn
Ich freu mich, dass die Wolken ziehn
Ich freu mich übers Vogelsingen
Ich freu mich, wenn die Knospen springen
Ich freu mich, dass mich jemand liebt
Ich freu mich, dass es Freude gibt
Ich freu mich, wenn die Sonne scheint
Ich freu mich, dass mein Vers sich reimt.

So freu ich mich, mal her mal hin
Ich freu mich, dass ich glücklich bin
Vor allem aber freu ich mich:
Ich hab ein Kind und habe Dich

Du verriegelst das Tor
zu deinem Inneren
du verschließest den Mund
deinem Nächsten gegenüber
du verschanzest dich
hinter einem hohen Zaun
vermeintlicher Sicherheit
du fürchtest
es könnte dir
jemand
zu nahe treten

aber glaube mir
ich kenne die Wege
zu deinem Herzen
ich finde die Worte
die deinen Mund
zum Sprechen bringen
ich weiß die Stellen im Zaun
durch die ich
zu dir gelangen kann

dann

werde ich dir nicht zu nahe treten
aber
ich werde versuchen
dir deine Angst zu nehmen
dir zuzuhören
dich zu trösten
und
dir gut zu sein

Bin nun in meines Lebens Mitte,
Wie weit noch bis zur Endlichkeit?
Ich zähle nicht die vielen Schritte,
Was zählt ist nur: wir gehn zu zweit.

Wo ist denn meines Lebens Wende,
Wie lang gehts aufwärts, wann hinab,
Wer weiß den Zeitpunkt denn vom Ende,
Wer misst den Weg von hier zum Grab?

Blick ich zurück, so windet heiter
Sich dieser Weg den Berg hinan,
An meiner Seite der Begleiter,
Der Kompass war und Ehemann.

Bin nun in meines Lebens Mitte,
Der Lenze fünfzig, ganz konkret,
Nach so viel Segen noch die Bitte:
Beschütze den, der mit mir geht.

Frühmorgens höre ich die Weise:
Es ist der erste Amselsang.
Wie tönt es sehnsuchtsvoll und leise -
Ich folge diesem Frühlingsklang.

Vergessen sind die steifen Glieder.
Ich meine, wieder jung zu sein,
Mach es wie alle Jahre wieder
Und schlüpf ins junge Mädchen rein.

Dann pflücke ich ein Sträußchen mir
und binde
Frühling und Poesie hinein
Und freue mich,
Dass alle meine Lieder
Noch immer enden mit dem Satz:
„Ich liebe dich!"

Herbstblatt, schon vom Zweig gerissen,
Wiegt sich leicht im Sonnenlicht.
bald schon wird es fallen müssen,
Glasgespinst, du hältst es nicht!

Warum
weinst du
Rose?
Weil der Morgenwind
dich heute
nicht koste?
Weil sein zärtlicher Hauch
dich nicht mehr entfaltete?
Bangst du
um das Verblühen deiner Schönheit
das Verströmen deines Duftes
in der Hitze des Mittags?
Ahnst du
daß in des Abends Kühle
dein Kleid zerfallen wird?

Weine nicht Rose!

Alles vergeht
was du
geträumt und geliebt und gelitten

Aber t r ä u m e Rose!
Träume vom Morgen
träume vom Wind
und träume vom Glück

Ich kann nicht nur durch meine beiden
    Augen sehen,
Zum Glücklichsein gehören vier.
In Blütenhainen könnt ich leben,
Genießen kann ich nur mit dir.

Es ist kein Frühling und kein Vogelsingen,
Kein Schneefeld leuchtet flimmernd mir,
Kein Herbstgold und kein Glockenklingen,
Genießen kann ich nur mit dir.

Als Zwilling wurd ich nicht geboren,
Doch meine Seele ist geteilt durch zwei,
Alleine bin ich ganz verloren,
Bei allem bist du mit dabei.

Gesetzt den Fall, daß man mich fragen sollte,
Ob ich ins Paradies will,
Ganz allein,
Ich brauchte wirklich gar nicht nachzudenken:
Viel lieber in die öde Wüste,
Und dort mit dir zusammen sein.

Flog da
ein später Schmetterling?
Ach nein!
Es war
ein herbstliches Blatt,
das sonnentrunken vom Sommer
über meinen Weg
zur Erde
taumelte

Das Veilchen kennt doch gar nicht den
  Kalender
Und spürt doch, dass der März beginnt.
Die Stare finden ohne Hilfe ihre Länder,
Termingenau, die Stunde stimmt.

Die Welt ist voller Liebespaare,
Der Garten wird zurechtgemacht.
Und wenn die Sonne scheint,
Wie alle Jahre,
Dann werden Tisch und Bänke wieder
  rausgebracht.

Die Schwälbchen kehren heim von langer Reise
Und alle Knospen springen auf,
Ihr Kirschbaumhaus bezieht die Meise,
Den Menschen blüht die Frühlingsseele auf.

Aus jungen Mädchen werden Frauen,
Aus Liebesschwüren Kinder.
Man meint, den eignen Augen nicht zu trauen,
Wie schnell der Lenz die Welt
Zum Blühen bringen kann.

Ich pack den Koffer für die Sommerreise,
Auch wenn sie erst im nächsten Jahr
  beginnt.
Die alte Welt dreht sich im Kreise,
Im Walzerrhythmus nach dem Wind.

Ich rüste mich auf meine Weise
Und mach für mich das Beste draus.
Ich geh auf meinem Globus auf die Reise
Und stelle die Geranientöpfe raus

Überall da
wo
Kreatur geschunden
Weise verhöhnt
Elende gepeinigt
Kinder gequält
Gläubige gefoltert
Frauen beschmutzt
Greise verlacht
Arme beschämt
werden

überall da
ist
Karfreitag

Du meinst
wir sollten
noch einmal
von vorne beginnen

uns niederlassen
auf der Insel unserer Träume
sollten
Blumen säen
deren Duft uns betäubt -
sollten
weiße Schafe weiden
und
muntere Enten schwimmen lassen
sollten uns
von unserem Lachen verjüngen
von unserem Schweigen erquicken lassen
sollten
den Tag vergehen
den Abend werden
und den Morgen kommen lassen
miteinander
beieinander
füreinander
sein

Mit dem Herzen sehen
mit den Augen streicheln
mit dem Mund trösten
mit den Händen wärmen
mit dem Verstand Brücken bauen

Ein Tropfen
kann
den Durstigen erquicken
die Flamme löschen
den Schmerz lindern
das Faß zum Überlaufen bringen

Zwischen Traum und Tag
Erinnerungen
auf die Reise schicken
zu vertrauten Wegen
über geliebte Pfade
durch raschelndes Herbstlaub
auf blühende Wiesen

Wachwerden
und Ja – sagen – Können
zum Heute

Solange
die perlenden Tropfen
des Morgentaus
in mein Inneres rinnen
solange
ihr Leuchten
in mir
Entzücken auslöst
solange
lebe ich

Leuchtende Blüten
auf dem Weg
der Erinnerung

heitere Strahlkraft
erlebter Stunden

wehmutsvolles Vorüberweinen
alles
Unwiederbringlichen

Saßest du neben mir
als mich
im Traum
Helios
mein Sonnenwagen
in Windesschnelle
über Wiesen und Felder
Wüste und Meer
dahintrug
der Sonne unserer Jugend
entgegen?

Wo warst du
als ich
erwachend
in Dunkelheit starrte
und wusste
daß unser Frühling
ja lange vorüber
und wir uns
nun
wärmen sollten
damit uns
in der Kälte
des nahenden Winters
nicht friert

Herbstlaub
fällt
von den Bäumen
plötzlich
überfällt mich die Angst
es könnte
keinen nächsten Sommer
mehr geben

Setze dich an meine Seite
mein Freund
lass uns
die Strahlen der scheidenden Sonne
miteinander genießen

wir müssen uns
an das Geräusch
der fallenden Blätter
gewöhnen
und wissen
daß das Jahr
sich neigt
die Tage kürzer
und die Nächte länger
werden

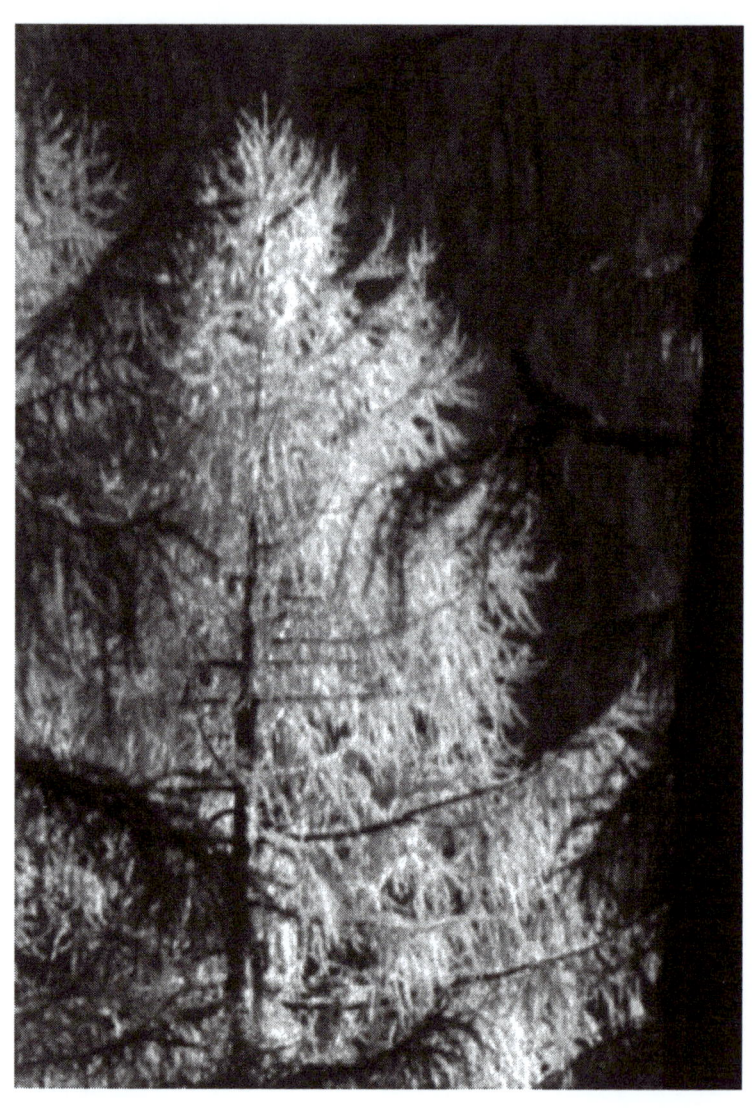

Ach Gott
in diesem Herbst
erleb ich's erstmals
wie sehr doch Schönheit
schmerzen kann
ich seh das Leuchten
in den Zweigen
ich seh die Fackel
dort
an jedem Stamm

Wir gehen schweigsam
durch den Rausch
von Farben
und halten uns
wie immer
an der Hand
die Wege
werden täglich kürzer
nein
Abschiedsschritte
sind nicht lang

Da fallen Tränen
von den Ästen
es riecht nach Spätherbst
manchmal schon
nach Frösten
inmitten dieses
bunten Traums

Ein kühler Hauch
lässt mich erschauern
ich fühl ihn deutlich
liebster Mann
das Leuchten
wird nicht ewig dauern
dann kommt
die Dunkelheit
heran

Ach
wärst du
dann doch da
um mich zu trösten
wenn du mal
nicht mehr
bei mir bist ---
ich hör es tropfen
von den Ästen
sofern dies nicht
m e i n Weinen ist

Ach
dass ich lernte
mich
vor dem zu neigen
was man gemeinhin
Schicksal nennt
dann wird
die Einsamkeit
mir zeigen
dass Liebe
keinen Abschied kennt

Nun senkt sich langsam
Ein Schleier herab
Zwischen dir
Und dem hektischen Leben,
Schützend hält er
Nun vieles fern,
Will der Seele
Ein Stillwerden geben.

Er schirmt von dir ab
Das gleißende Licht
Von den Straßen und Gassen und Plätzen,
Die grellen Farben schrecken dich nicht,
Kein Lärm, der diesen Schleier durchbricht,
Wird deine Ruhe verletzen.

Ich ziehe mich mit dir
Dahinter zurück,
Mags draußen
Auch noch so sehr toben,
Wir leeren gemeinsam
Die Schale des Glücks
Und werden
Den Augenblick loben.

Die Tür geht auf, und in mein Zimmer
Kommt Traurigkeit herein zu mir.
Sie löscht der Jahre goldnen Schimmer,
Nimmt Platz, und sagt: ich bleib bei dir!

Nein, ruf ich, nein, laß mich in Ruh,
Geh raus und mach die Türe zu! - - -
Ich bin nun mal in dieser Welt,
Sagt sie, und komme unbestellt.

Dem Glück, auf das die Menschen hoffen,
Stehn überall die Türen offen,
Es geht zum Fest, ich bin beim Grab,
Wir beide wechseln immer ab.

Das Glück, das ist ein Luftikus,
Der hier mal ist, mal dorthin muß,
Ich habe Zeit, muß gar nicht eilen,
Und will mit dir dein Lager teilen.

Wir beide sind in deinem Herzen,
Die Freude und die Traurigkeit,
Was wär das Leben ohne Schmerzen,
Zum Glück gehört nun mal das Leid.

Nimm uns nur an und wehr dich nicht,
Blick nicht ins Dunkel, sieh ins Licht,
Denn um die Tiefe des Lebens zu finden,
Musst du den Wert von uns b e i d e n
ergründen.

Längst fern
Die Zeit des Knospens
Und des Sprießens,
Nicht mehr
Wie helles Grün am Baum,
Vorbei
Das Hoffen, Freuen und Genießen,
Mir bleibt das Blätterrauschen nur im Traum.
Ich fühl mich nicht mehr
Wie ein heitres Blatt am Ast,
Das freudig durch den Tag sich wiegt.
Mein Baum, mein Halt
Ist stürzend,
Fallend fast.
Er neigt sich nieder,
Der Erde zu,
Die vor ihm liegt.
Dann werd ich
Von dem abgerissen,
Der Schutz und Lebensquell
Mir war.
Das Blatt
Wird weiter leben müssen,
Getrieben, wie die andre Blätterschar
Von Sturm und Leben,
Wind und Weh,
Wie dürres Laub
Auf harschem Schnee.

Im Nebel tast ich mich voran.
Ein Kind, das man verloren hat.
Nun zeigt sich's, ob ich gehen kann,
Alleine, ohne Stab und Halt.

Der Weg ist schmal, der Nebel dicht,
Kenn keine Richtung, nicht das Ziel,
Und Kompasslesen lernt ich nicht
Am Tage, eh der Nebel fiel.

Denn immer ging ich an der Hand,
Nie war ich ganz allein,
Du warst es, der die Wege fand,
Ich durfte dein Begleiter sein.

Nun muß ich lernen, zu entscheiden,
Ist's dieser Weg, ist's jener dort?
Er muß zu gehen sein von beiden
Gemächlich hin von Ort zu Ort.

Das Kind wuchs aus dem Kinderkleid,
Vertrau mir nur und laß dich führen
Ich merke, jetzt bin ich bereit,
Den Pfad für beide aufzuspüren.

Erwachsen wurde ich,
Als nachts der Nebel fiel.
Nun hab ich Kraft für dich und mich
Ich finde unser Ziel!

Lasst dem Himmel sein Weinen
Lasst der Rose ihre Perlen
Lasst mir mein Trauern
Um meine Liebe
Ach!
Sie ist mir
So viele Tränen wert

Bunte Blätter
losgerissen
schweben
schwerelos
hinab
Farbenteppich
bunte Kissen
decken nun
die Erde
ab

Krähen ziehen
ihre Kreise
krächzen
Herbstgesang
im Chor
gehen auf
die Winterreise
wie ein
schwarzer
Trauerflor

Herbstwind
haust jetzt
in den Zweigen
und die
Rosenknospen
neigen
ihre
Häupter
demutsvoll
und
todbereit

Wiesen ruhn
und
Wälder schweigen
kein Boot
glänzet
auf dem See
Herbstnebel ziehen
über Felder
und es riecht
nach
Frost und Schnee

Bunte Blätter
frohe Lieder
Sommer
Sonne
Heiterkeit
fallen
von den Ästen
nieder
alles
kommt
zu seiner
Zeit

Über Nacht
sind sie
gestorben
hingestreckt
liegt
Laub und Gras
morgens früh
reifüberzogen
klirrt es
wie
zerbrochnes Glas

Schweig still
halt aus
nichts
bleibt
bestehen
es ist
ein Werden
und
Vergehn

Man kann
nichts kürzen
und
nichts dehnen
was bleibt
ist
Schweigen
nur
und Sehnen

Durch die Nacht
dieses Tages
gehe ich
und
orientiere mich
an einem Licht
das
Hoffnung
heißt

es wird mir
den Weg weisen
den ich
gehen muß
um wieder
ins Helle
zu kommen

Erinnerungen sind wie Brücken
Hinüber in die andre Welt.
Wie Sonnenlicht aus Wolkenlücken,
Wenn es auf die Erde fällt.

Gestriges wird wieder Heute,
Das Jetzt ist schon Vergangenheit,
Wie ich's seh und wie ich's deute:
Fern ist nah und Heut ist weit.

Laß mich flüchten, laß mich gleiten
In der Erinn'rung sanften Schoß,
Träumen von gelebten Zeiten,
Angstfrei, glücklich, schwerelos.

Weh, meine Kette ging entzwei!
Die Kette meines Lebens.
Und Perl' um Perle fällt dabei
Ins Nichts. Ich such vergebens
Sie zu halten, aufzufangen,
Zu bewahren.
Doch es tropft und rinnt
Perl' um Perle
Stück für Stück.
Einzig
Schloß und Schnur
Bleiben nur
Vom Glück
In meiner Hand
Zurück.

Freund warst du mir und Ehemann,
Beruhigungspille und Gewissen,
Wegbegleiter und Kumpan.
Nun lern ich, alleine gehn zu müssen.

Niemand schließt abends die Türen zu,
Keiner, der mir den Rücken massiert,
Ich putz wieder selber meine Schuh
Und achte darauf, daß mir nur nichts passiert.

Wer schleppt jetzt die Einkäufe aus der Stadt,
Wer zieht aus dem Finger den Splitter mir raus,
Wer sagt mir noch mal, wie lieb er mich hat,
Und wer dreht am Abend die Heizungen aus?

Von wem wird der Zaun wieder aufgerichtet,
Wer repariert mal den tropfenden Hahn,
Zu wem kann ich sagen: Du, ich hab was gedichtet!
(Und wer hört sich schließlich das alles noch an?)

Wer kocht mir bei Fieber den Hustentee,
Und wer sucht mit mir nach des Lebens Sinn,
Wer kehrt im Winter draußen den Schnee,
Und wer sagt: d a   wandern wir zwei morgen hin!

Wer holt mich künftig noch ab von der Bahn,
Und wer umarmt mich dann wieder zu Haus,
Wer spürt schon von weitem den Kummer mir an,
Und wer sagt mir noch mal: Hübsch siehst du aus!

Dies war mein Leben, war Seligkeit,
Ich fühlte geliebt mich, umsorgt und geborgen.
Wie schön war das Wissen: wir sind ja zu zweit!
Und nach gestern und heute kommt wieder ein
        Morgen.

Heute nun halte ich dich an der Hand,
Und würd ich nach gestern mich noch so sehnen,
Du bist auf dem Weg in ein ferneres Land,
Ich muß dich begleiten
durchs Meer meiner Tränen.

Zu Ende ist das alte Jahr.
Noch einmal blicke ich zurück,
War es der Schmerz, war es das Glück,
Daß es ein reiches, volles war?

Denn beides kam in gutem Maß,
Weise gemischt, die Freud, das Leid,
Und beides rann zu seiner Zeit
Unmerklich aus dem Stundenglas.

Die Zukunft hält sich noch verhüllt.
Ich trink aus halbgeleerter Schale,
Sie füllt sich nicht zum zweiten Male,
Eh sich mein Lebenssinn erfüllt.

Der Zeiger läuft, es tickt die Zeit,
Unmerklich falten sich die Hände,
Herr, laß mich lieben dürfen bis ans Ende
Auf meinem Weg zur Ewigkeit.

Jetzt ist es still in unsrem Zimmer.
Dein Geist ist weit
Und du so nah,
In deinen Augen glänzt noch immer
Der warmen Seele Innigkeit.
So schrecklich fern bist du manchmal
Und wiederum unendlich nah.

Wir können nun zusammen schweigen.
Das, was zu sagen war, das ist gesagt.
Es blieb kein Rest,
Auch kein Warum, kein Wie,
Nichts, was wir nicht durchdacht, gefragt.
Nun können wir zusammen schweigen.
Zum Schluß ist alles Harmonie.

Hochzeitstag

Zum ersten Mal, daß dieses Jahr
Kein Rosenstrauß
- Streng nach der Ehejahreszahl -
Bei meinem Frühstücksteller war.

Denn dort, wo sonst die Rosen stehn,
Lag heute deine Morgenmedizin.
Ging wirklich nur e i n Jahr dahin,
Oder waren es in diesem Jahre zehn?

Du nimmst mich heute nicht erinnernd in die
    Arme
Und sagst zu mir:
„Wie herrlich ist's, daß ich dich habe,
Für alles Schöne dank ich dir!"

Für dich zählt keine Stunde mehr, nicht Tag und
    Jahr,
Denn du bist nicht mehr zeitverhaftet,
Auch nicht das Morgen, nicht, was gestern war,
Nichts, was dich planend noch belastet.

Die Rosen werde ich dir heute schenken,
Es sind die gleichen, die ich sonst von dir bekam,
Ich werde an die vielen Rosen denken,
Die ich in jedem Jahr entgegennahm.

Ach, lass mich diesen Strauß mit Tränen netzen,
Du hast mein Herz, nimm auch noch diese
    Rosen hier.
Ich werde sie zu deinem Frühstücksteller setzen
Und denken: Für alles Schöne dank ich dir.

Wenn ich Heimweh denke,
Denk ich an dich.
Wenn ich Trauer denke,
Denk ich an mich.
Heim und Weh und Trauer,
Alles rankt um dich.
Übrig bleibt auf Dauer
Nur mein Schmerz und ich.

Herr, der du
Im Lauf der vielen Jahre
Unsere beiden Herzen
Liebevoll
Zu einem hast gefügt,
Ich kann es nicht in Worten sagen,
Wie schwer das Tragen
Der Trennung
Dieser beiden
Wiegt.
Aus allen meinen Tränen,
Ungeweint,
Weiß ich,
Es ist gar nicht das Gehen,
Das Bleiben
Ist damit gemeint.
Mich ängstigt nicht
Das eigne Sterben,
Doch mit dem seinen
muß ich l e b e n .

Das Alter
unbeachtet
einsam
brüchig
vergessen
kantig
schmucklos
beiseite stehend
verlassen

dennoch
von
erhabener Reife
weiser Demut
würdiger Bescheidenheit
leuchtender Güte
verklärter Schönheit

Wo ist das Kind geblieben,
Das ich im Traume seh ,
Mit seinen dürren Zöpfchen,
Am Hemd Perlmutterknöpfchen,
Ein Kind voll Furcht und Weh.

Ich seh es nachts am Fenster
Zitternd vor Kälte stehn
Und grausige Gespenster
In schwarzer Ferne sehn.

Da steht es voller Schrecken,
Gelähmt von Angst und Pein,
Starrt in die finstre Ferne - - -
Verlassen und allein.

Du Kind aus meinem Traume,
Mein Gott, jetzt kenn ich dich!
Geschöpf aus Traumes Schaume,
Du Kind, du bist ja i c h !

Ach
das Gewitter wars
das mich so blaß gemacht
sagte ich
doch heiße Tränen
stürzten
aus meinen Augen

Mit Tränen setze ich mich nieder,
Halt deine Hand in meiner Hand,
Und Dankbarkeit durchströmt mich wieder,
Daß dein Herz zu dem meinen fand.

Ich seh in deiner Augen Schimmer,
Ein Lächeln liegt auf dem Gesicht,
Die Innigkeit im Blick, wie immer,
Sie blieb in dir, verließ dich nicht.

Wir sind beisammen, sind uns nah,
Was kann uns denn nun noch berühren,
Ergeben lassen wir uns führen
Den Weg zu unsrem Golgatha.

Und wenn mir gar nichts weiter bliebe,
Eines will ich bewahren,
Daß ich knie vor deiner Liebe,
Noch in weißen Haaren.

Mein Sonnenmühlchen steht
An jenem Fenster dort.
Es dreht und dreht und dreht
Sich immer – immerfort.

Frühmorgens, wenn es hell wird,
Dann setzt es sich in Gang,
Läuft schneller, immer schneller
Am Sonnenstrahl entlang.

Es tanzt und läuft und dreht sich
Von morgens früh bis spät,
Und wenn es dunkelt seh ich,
Wie's auch zur Ruhe geht.

So drehte sich mein Leben
Nach festgefügtem Plan.
Stillstand hat's nicht gegeben,
Ich kam auch nirgends an.

Mein Mühlchen lief vom Leuchten
Aus meines Liebsten Herz.
Sein Licht, das war mein Leben,
Sein Löschen ist mein Schmerz.

Drum, wenn mein Hiersein bliebe
Ganz ohne Licht und Glück,
Ohn' Leuchten und ohn' Liebe,
Dann möcht auch ich zurück.

Ich wünsche mir
daß wir
wenn wir beide
am Horizont unseres Daseins
ankommen
nicht fragen werden
warum
sondern
daß wir einfach
JA
sagen können

Ich wünsche mir
daß wir dann
unser Lebensglas
geleert haben
und wissen
daß
kein Tropfen
vergossen
und keiner
im Kelch
zurückgeblieben ist

Geburtstagsabend

Dank für den warmen Sonnenstrahl,
Dank für dieses Tages Helle,
Dank für die Ruhe tief in mir!
Als ich mich bittend dem Himmel befahl,
Löste sich meine traurige Seele
von gestern und morgen und heute und hier.
Da fielen ab die steten Sorgen,
Die tägliche Angst vor dem unsich'ren
    Morgen
und ob ich auch alles bewältigen kann.

Leg, Himmel, mir nur
Vom heutigen Glück
Ein Quentchen noch
Auf die Seite zurück
Und teile es fein
Für jeden Tag
In kleine Sonnenstrählchen ein.
So komme, was da kommen mag,
Es wird gewiss kein Lebensjahr
Ganz ohne Himmelswärme sein.

Nun geh ich meiner Einsamkeit entgegen,
Dein Geist hat sich auf seinen Weg
    gemacht,
Ich kann dir nur noch meine Nähe geben
Auf unsrem Gang durch diese dunkle Nacht.

Ich suche jeden müden Blick zu finden
Aus deiner Augen leis' verlöschend Licht,
Von trocknen Lippen deinen Kuß auf meinen
    Händen,
Ich fühl ihn immer, ich vergess ihn nicht.

Will alles intensiv erleben,
Kann dir doch nichts als meine Nähe geben
Und nehm es beinah wie ein Wunder hin,
Dass ich in diesen Stunden fast ohne Tränen
    bin.

Oft geht mir durch den Sinn die Weise
Von einer freundesreichen Welt,
Die leerer wird, unmerkbar – leise,
Wenn über Nacht der Nebel fällt.

Dann sind nur wenige, die wachen,
Die mitgehn durch die Dunkelheit,
Begleitend, ohne Glück und Lachen,
Den Weg, auch in die Einsamkeit.

Euch aber, die ihr treu geblieben,
Euch winde ich den Freundeskranz!
Es wurde oft und viel geschrieben:
Der wahre Freund teilt nicht nur Freude,
Er teilet auch die Schmerzen g a n z .

Wie könnte ich dich richtig schildern,
Dich unvergleichbar lieben Mann?
Weder in Worten, noch mit Bildern
Wird's möglich sein, daß ich es kann.

Will ich von deiner Seele künden,
Fällt mir ein Glas als Beispiel ein:
Nicht Kratzer, Sprünge wird man finden,
Nicht Missklang und nicht trüben Schein.

Dies Glas ist edel in der Form.
Ein Einzelstück und nicht die Norm.
Ein Kelch, erlesen, hell und klar.
Zerbrechlich zwar, doch klingend-wahr.

Er trägt nicht Schnörkel, nicht Verzierung,
Wirkt aus sich selbst und ganz allein,
Heischt nicht nach eitler Profilierung,
Wünscht nichts, als nur ein schlichter Kelch
    zu sein.

Nur edlen Tropfen wird er spenden.
Man trinkt genießend Schluck um Schluck.
Er hält sich leicht in leichten Händen
Und leert sich nicht in einem Zug.

Du schönes Glas, mein Born, mein Glück,
Mein Lebensquell, geliebter Mann,
Der Himmel nimmt dich, wie ich dich bekam,
Erlesen, klar und völlig unversehrt zurück.

Wie denn, ihr blüht noch, ihr Blümchen am
    Wege?
Ihr Vöglein, ihr lebt noch
Und meldet den neuen Frühling mir an?
Auch ihr, ihr Bienchen, seid wieder rege,
Ihr Wölkchen zieht noch auf himmlischer
    Bahn?

Folgtet ihr nicht mir in Kummers Nacht,
Ins ständige Dunkel des Schmerzes hinab?
Lern ich durch euch, daß alles, was lebt,
Schließlich weit hinaus über das Grab
Irgendwann einmal wieder erwacht
Und sich aus der Trauer wieder erhebt?
Wollt ihr mir zeigen:
Auch der Winter hat Sinn?
Und wollt ihr mir sagen,
Daß ich noch b i n ?

Die Sonne hat kein Strahlen mehr,
Kein Lächeln in deinem Blick,
Die Welt um mich wird leer. Wird leer!
Es gibt ja kein Zurück.

Wolken verdunkeln den Himmel mir,
Die Amsel im Garten schweigt,
Von selber schließt sich Tür um Tür,
Der Rose Haupt ist geneigt.

Eintönig geht des Tages Lauf
Neben dem Leben entlang,
Still zieht das Abenddunkel auf,
Die ferne Musik verklang.

Du blickst mich ernst und fragend an,
Ich lächle stumm zurück,
Und ohne daß einer sprechen kann,
Umarmen sich Blick und Blick.

Schmerzliche Trauer schwebt über dir,
Ahnst du des Todes Hauch?
Dann ist es dir genau wie mir:
Ich fühl ihn auch, ich fühl ihn auch!

Der Weg führt hin und nicht zurück,
Die Welt um mich ist leer.
Kein Lächeln kommt von deinem Blick,
Die Sonne scheint nicht mehr.

Abschied nehmen
aufbrechen ins Ungewisse
seinen eigenen Weg suchen
nichts halten wollen

Trennung akzeptieren
wie wichtig und
wie unendlich schwer

Ich wünsche mir
daß mich
ein paar
freundliche Blüten
auf den letzten
einsamen
und
mühseligen
Stufen
begleiten
werden

In mir ist nichts, als Abschiednehmen.
Der Himmel weint
Wie ich, und auch er scheint
Sich seiner vielen Tränen nicht zu schämen.
Das Leben schreibt mit dunkler Feder
Mir täglich in mein Stundenbuch,
Die tränenmüden Augen können es kaum
      lesen.
Entziffern möchten sie den ganzen Spruch
Und sehen doch nur dieses eine Wort:
     „G e w e s e n „

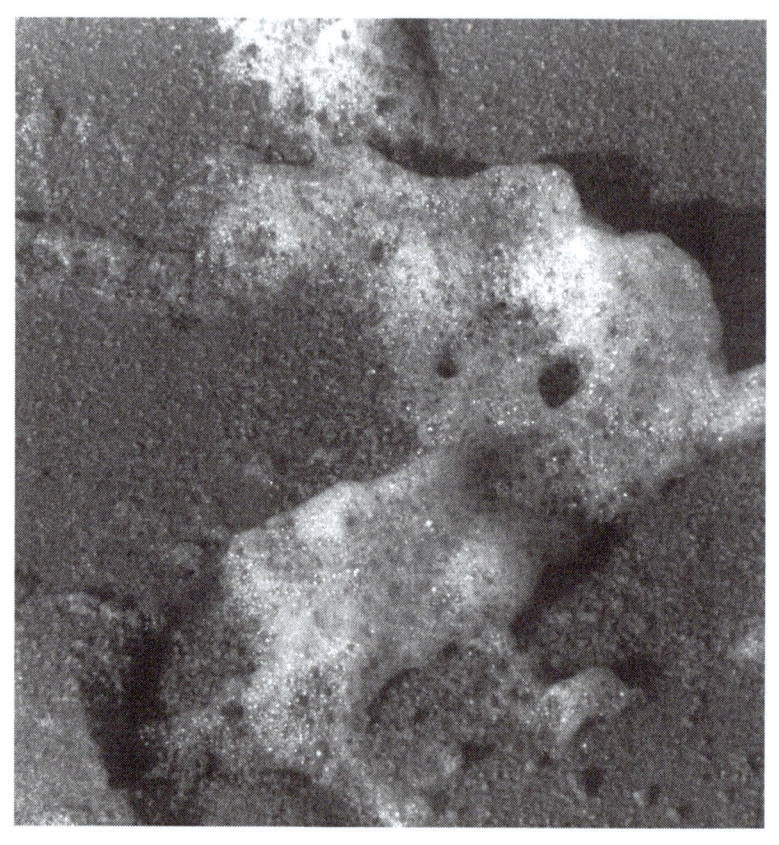

Schaum der Brandung
losgerissen
von seinem Element
ans Ufer geworfen
sich auflösend
zum Himmel
steigend
zurück
zur Erde
kehrend

Seele des Menschen
losgelöst
von bergender
Hülle
ewiger Kreislauf
des Werdens
Seins
und Vergehens

nichts ist beendet
alles kehrt wieder
und nichts ist vergebens

166

Wenn sich einmal mein Geist erhebt,
Schaut in des Himmels Nachtgesang.
Hört ihr den Morgenglockenklang?
Wisst Ihr, dass meine Liebe lebt?

Verfolgt des Regenbogens Spur,
Es ist die Brücke hin zum Licht.
Mein irdisch Leben endet nur,
Doch meine Liebe endet nicht.

Folgt mit dem Blick der Lerche Schwingen,
Die sich aufjauchzend in die Luft erhebt.
Sie wird, mit ihren Liedern singend,
Euch rufen: Meine Liebe lebt!

Schaut in der Sterne nächtlich Blinken,
Seht in ihr großes Weltenreich,
Dann wird gewiss ihr fernes Winken
Euch sagen: Meine Liebe ist bei euch!

Spürt ihr, wenn sich ein Wind erhebt?
Er wird für euch mein Grüßen sein.
Und wisst, ich werde, wo ihr immer geht,
Mit meiner Liebe euch umwehn

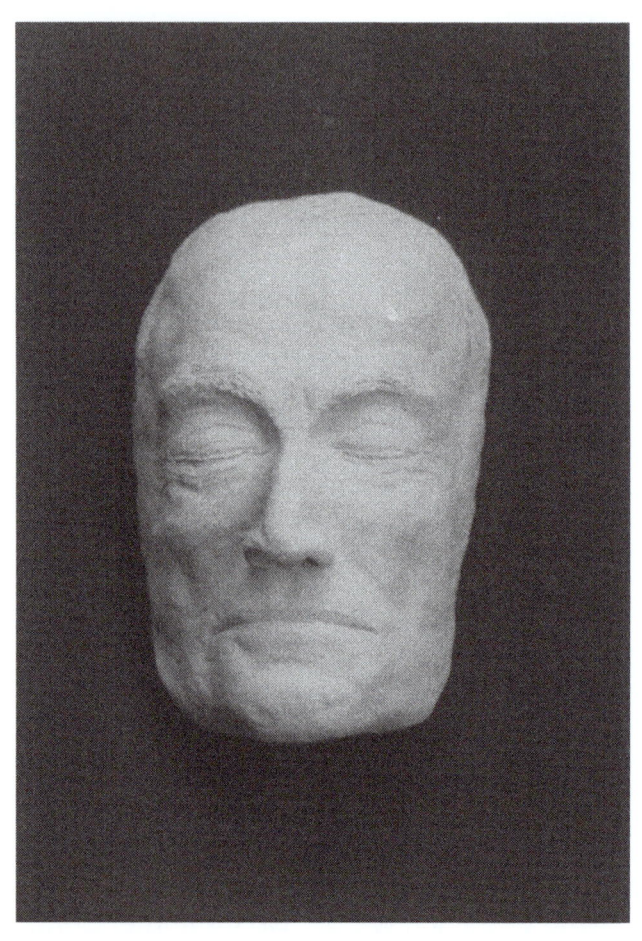

Es ist vollbracht
Es ist getan
Die Stunde hält
Den Atem an
Ich komme
Himmel
Dir entgegen
Im Arm halt ich
Den Liebsten hier
Um ihn
In deine Hand zu legen
In deine Obhut für und für
Voll Schmerzen
Beuge ich mich nieder
Ich bringe dir
Mein Liebstes wieder
Er war mein Leben
War mein Glück
Nun gebe ich ihn
Dir zurück
Herr Gott
Ich weine deinen Namen
Er war mein Allerliebstes

A m e n

Ich danke Bärbel und Hans-Christiaan Hoek, die erheblichen Anteil an Form und äußerer Gestaltung dieses Buches hatten.